Marianne Kempe

Schleifen binden gewußt wie

ENGLISCH VERLAG

Die Deutsche Bibliothek – CIP-Einheitsaufnahme
Schleifen binden – gewußt wie / Marianne Kempe. – Wiesbaden: Englisch, 1997
ISBN 3-8241-0708-2

ISBN 3-8241-0708-2

Fotos Axel Weber, Titelbild Peter Wolf
Printed in Germany.

Inhaltsverzeichnis

Vorwort

Vielleicht fiel Ihnen schon einmal eine schöne Schleife ins Auge, und Sie haben sich dann gewünscht, Sie könnten selbst so etwas herstellen.
Oder es fehlte Ihnen an der Verpackung eines Geschenks noch ein letzter Farbtupfer? Bunte Schleifen sind vielseitig verwendbar und einfach herzustellen. Bei dem großen Angebot an phantastischen Bändern, mit tollen Motiven für jeden Anlaß, finden Sie bestimmt schnell das Material, das Sie besonders anspricht.
Damit Ihnen die Schleife auch gelingt, egal ob Sie mit ihr einen Hut verzieren oder einem Gesteck mehr Pfiff verleihen möchten, zeige ich Ihnen in diesem Buch, wie Sie mit „Gewußt, wie" wunderschöne Schleifen selbst machen können.
Gutes Gelingen dabei wünscht Ihnen
Ihre

Marianne Kempe

Material und Werkzeug

Das Grundmaterial, die Bänder, gibt es aus den verschiedensten Materialien und in einer Fülle von Farben. Ein- oder mehrfarbige, bunt gemusterte oder mit Motiven bedruckte Bänder sind in verschiedenen Breiten im Handel erhältlich. Bänder mit Drahtkanten, d. h. am Rand eingewebtem Draht, erlauben dekoratives Formen und Biegen der Schleifen und vor allem der Bandenden.

Schere

Um die Bänder sauber zu schneiden, brauchen Sie eine gute Schere.

Draht

Stangendraht gibt es in den verschiedensten Längen und Stärken. Es kommt immer darauf an, für welchen Zweck die Schleife benötigt wird. Wenn Sie eine Schleife an einem Gesteck anbringen wollen, verwenden

Sie einen dickeren und längeren Draht dazu.
Soll die Schleife irgendwo angeklebt werden, verwenden Sie einen dünnen, kurzen Draht, der dann abgezwickt wird. Sie können anstelle des Drahtes auch Polyesterband (Ringelband) verwenden, wenn Sie die Schleife für eine Geschenkverpackung benötigen.

Kombizange

Die Kombizange muß kein teures Qualitätswerkzeug sein. Es genügt eine einfache Ausführung. Aber achten Sie darauf, daß sie gut in der Hand liegt. Ihre Größe hängt von der Größe Ihrer Hand ab. Probieren Sie die Zange aus, und achten Sie beim Kauf auch darauf, daß sich die Zange leicht öffnen und schließen läßt. Das erleichtert Ihnen die Arbeit.
Die Zange sollte oben flach sein zum Greifen des Drahtes und unten einen Teil zum Abzwicken des Drahtes haben. So müssen Sie nicht immer die Werkzeuge wechseln, sondern kommen mit einer Zange aus.

Heißklebepistole

Eine Heißklebepistole ist ein sehr nützliches Werkzeug für alle möglichen Basteltechniken. Aber auch im Haushalt findet sie viele Verwendungsmöglichkeiten, die Anschaffung lohnt sich also. Es gibt Geräte, die mit ca. 200 °C arbeiten und sogenannte Niedervolt-Geräte, die mit ca. 160–180 °C auskommen. Für unsere Zwecke genügt die Niedervolt-Temperatur, aber auch Geräte mit höherer Temperatur sind verwendbar.

Hinweis

In den Beschreibungen werden folgende Fachbegriffe verwendet: Eine Schleife besteht aus Schlaufen und Enden. Die Mitte ist das Kreuz oder die Kreuzung.

Arbeitsschritte

Material

- Band mit Drahtkanten, maximal 4 cm breit, ca. 1,5 m lang
- Draht oder Polyesterband (Ringelband)

Anleitung

1. Halten Sie das Band in der linken Hand zwischen Daumen und Zeigefinger so, daß ein Ende ca. 10 cm vor der Handinnenfläche herunterhängt.
Mit der rechten Hand formen Sie nun die erste Schlaufe, indem Sie das Band mit der rechten Hand nach oben ziehen, nach hinten herunterführen und es ebenfalls zwischen Daumen und Zeigefinger der linken Hand festhalten. Sie müssen das Band schräg über die Kreuzung führen, damit es nun rechts unten erscheint.

Mit den Fingern der linken Hand halten Sie immer die Kreuzung fest. Breite und feste Bänder müssen Sie in der Mitte immer gleich etwas zusammenraffen, damit Sie den Überblick behalten.
Wenn Sie die Schlaufen formen, müssen Sie die linke Hand kurz lösen, um das Band ebenfalls in der Kreuzung festzuhalten. Dieses Umgreifen erfordert etwas Übung, aber mit Geduld geht das bald wie im Schlaf.

Bitte achten Sie darauf, daß Sie die Schlaufen gleich groß arbeiten, damit die Schleife zum Schluß auch „rund“ aussieht.

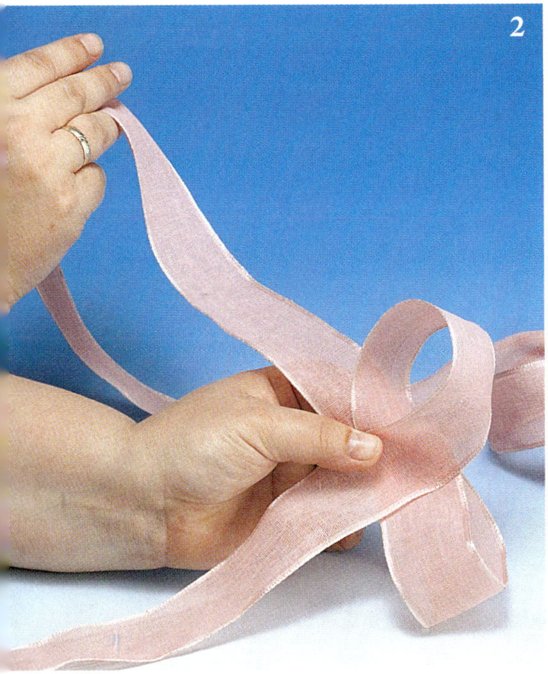

2. Indem Sie das Band mit der rechten Hand zuerst nach unten führen, dann nach hinten hoch und schräg nach links über die Kreuzung, formen Sie die zweite Schlaufe. Das Band erscheint jetzt oben links neben der ersten oberen Schlaufe.

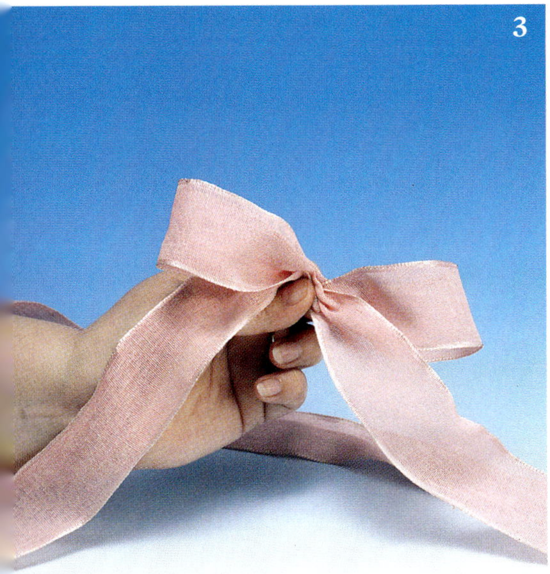

3. Drehen Sie die linke Hand mit der Schleife etwas hoch, damit die beiden Enden nach unten hängen. Jetzt haben Sie schon eine einfache Schleife mit zwei Schlaufen gefertigt.
Die Mitte oder Kreuzung wird zusammengerafft und könnte nun mit Draht zusammengehalten werden, wenn Sie eine Schleife mit zwei Schlaufen brauchen.

4. Wenn Sie eine Schleife mit mehr Schlaufen arbeiten möchten, halten Sie die Schleife immer noch in der linken Hand, nehmen das lange restliche Ende wieder mit der rechten Hand auf, bilden oben die dritte Schlaufe und führen es hinten schräg über die Kreuzung nach unten rechts.

5. Dort hängt jetzt das Bandende. Das Foto zeigt diesen Arbeitsschritt auf die Seite gedreht.
Nun haben Sie oben zwei Schlaufen, links unten den Anfang, daneben eine Schlaufe und rechts unten das Restband.

6. Wenn Sie jetzt mit dem Band unten die 4. Schlaufe bilden, sie schräg über die Kreuzung nach oben links weiterführen, dann haben Sie schon eine 4er Schleife. Drehen Sie Ihre Hand, damit die beiden Enden nach unten hängen, dann müßte Ihre Schleife aussehen wie auf der Abbildung.

7. Wenn Sie eine Schleife mit noch mehr Schlaufen haben wollen, machen Sie weiter. Wieder nehmen Sie das restliche Band mit der rechten Hand auf, bilden oben links die 5. Schlaufe und führen das Band hinten schräg über die Kreuzung nach unten, damit es unten rechts wieder ankommt.

7

8. Dort bilden Sie die 6. Schlaufe und führen das Band wieder hinten schräg über die Kreuzung nach links hoch. Das Bandende befindet sich jetzt wieder oben links.
Sie haben nun eine 6er Schleife hergestellt, die für viele Zwecke Verwendung finden kann.
Raffen Sie die Schleifenmitte zusammen. In diesem Stadium können Sie die Schlaufen noch etwas verändern und zurechtzupfen, aber achten Sie darauf, daß Ihnen die Schleife jetzt nicht auseinanderfällt.

8

9. Die geformte Schleife wird nun mit Draht fixiert.
Der Draht wird von vorne über die Schleifenmitte nach hinten gebogen. Er muß die Schleifenmitte ganz fest umschließen.

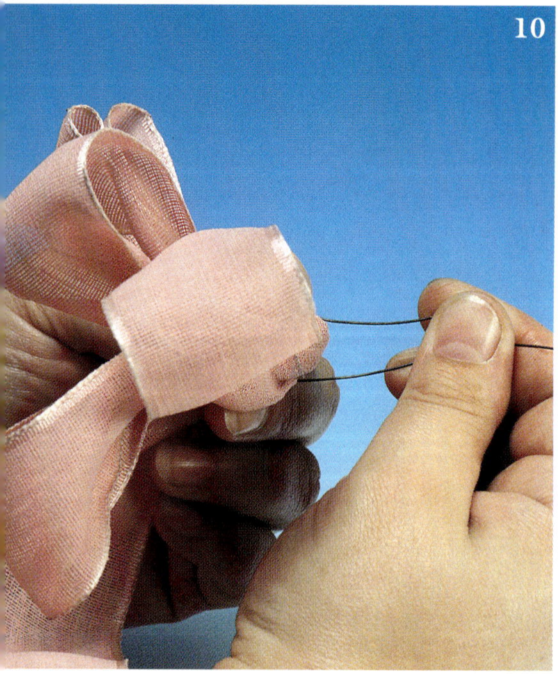

10. Klappen Sie die Schlaufen nach vorne und halten Sie sie in der linken Hand fest. Nun haben Sie die rechte Hand frei für die Zange.

11. Die beiden Drahtenden müssen hinten gleich beim ersten Drehen mit der Kombizange die Schleife ganz dicht und fest zusammenhalten und dann gleichmäßig weiter verdreht werden. Das Verdrehen ist ein sehr wichtiger Arbeitsschritt, der auch geübt werden sollte. Denn davon hängt es ab, wie Ihre Schleife „steht".
Wenn die Schlaufen sich jetzt noch bewegen lassen, ist die Verdrahtung zu locker, und die Schlaufen „fallen" herunter. Die Schleife hängt lasch da. Erst wenn der Draht richtig verdreht wurde,

können die Schlaufen schön „stehen“, und die Schleife hat Sprungkraft.
In diesem Stadium können Sie die Schleife nochmals etwas in Form bringen, indem Sie fest daran ziehen und zupfen. Wenn sich die Schleife dadurch wieder löst, ist sie nicht richtig verdrahtet.
Wenn die Schleife für eine Geschenkverpackung benötigt wird, verwenden Sie anstelle des Drahtes ein Polyesterband (Ringelband). Binden Sie die Schleifenmitte (Kreuzung) mit diesem Band genauso fest wie oben mit dem Draht beschrieben.
Schneiden Sie das Ringelband nicht zu kurz, denn damit können Sie Ihre Schleife gleich auf dem Geschenk festbinden.

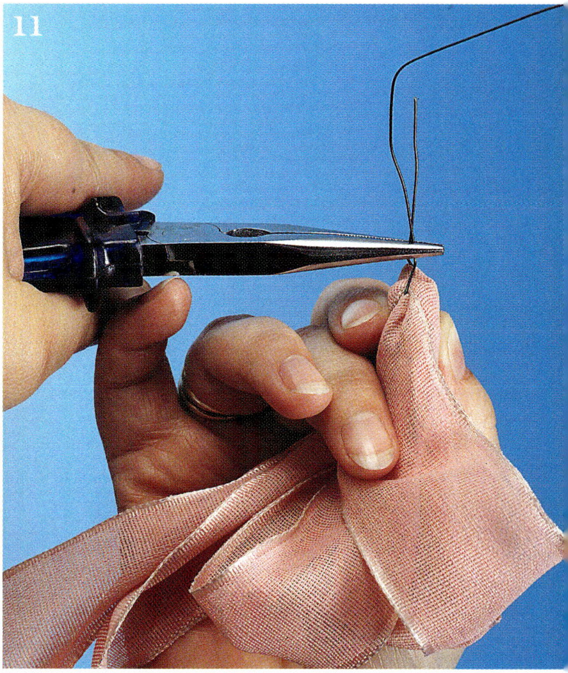

12. Haben Sie noch ein Stück Band übrig, können Sie dieses verwenden, um den Draht in der Schleifenmitte damit zu kaschieren. Legen Sie einfach das restliche Stück Band über die Kreuzung nach hinten und verknoten es dort. Jetzt hat die Schleife 6 Schlaufen und 4 Enden.

Sie können die Schleife z. B. zur Dekoration einer Schale benutzen.
Das hier verwendete Band hat eine Drahtkante, daher läßt es sich wunderbar in Form bringen.
Auf die beschriebene Art und Weise können Sie nun verschiedene Schleifen anfertigen. Je nachdem, was Sie gerade benötigen.
Wenn Sie die Arbeitsschritte etwas üben, gelingen Ihnen bald die schönsten Schleifen im Handumdrehen!

Dekorationsideen

Schleife am Hut

Material

- Band in der gewünschten Farbe
- Draht

Anleitung

Dieser Schleife sieht man es nicht an, daß sie aus zwei anderen, einer 4er Schleife und einer 2er Schleife, besteht, die einfach aufeinandergeklebt wurden.
Zuerst fertigen Sie eine 4er Schleife, d. h. eine Schleife mit 4 Schlaufen, an. Halten Sie sich dabei an die schon beschriebenen Arbeitsschritte.
Verdrahten Sie die Schleife, und zwicken Sie den Draht hinten knapp ab, damit die Schleife mit der Klebepistole direkt an den Hut geklebt werden kann.
Nun wird eine 2er Schleife gebunden und ebenfalls verdrahtet. Auch hier wird der Draht ganz knapp abgezwickt, aber nicht zu knapp, sonst löst sich die Arbeit wieder in Wohlgefallen auf!
Diese 2er Schleife wird nun mit Hilfe der Klebepistole in die Mitte der bereits vorhandenen 4er Schleife eingeklebt.
Das im Beispiel benutzte Band ist sehr hart und schwer, aber durch diese Arbeitsweise fällt die Schleife von der Mitte her schön füllig herab.

Schleife mit Sonnenblumen

Material

- Band mit Sonnenblumenmuster
- Draht

Anleitung

In diesem Fall paßt das Motiv auf dem Band wunderschön zur übrigen Dekoration. Die Schleife hat 6 Schlaufen und wird einfach mit dem Draht angebunden oder mit der Klebepistole angeklebt. Sie können das Exemplar auch einfach nur zu der passenden Dekoration legen. Für einen Türkranz oder ein Gesteck eignet sich diese Schleife ebenfalls sehr gut.

Große rote Schleife

Material

- rotes Band mit Drahtkanten
- Draht
- Raffiabast

Anleitung

Bei diesem Beispiel wurden ebenfalls 2 verschiedene Schleifen angefertigt und zusammen auf ein Päckchen drapiert.

Fertigen Sie eine 6er und eine 4er Schleife nach der vorangegangenen Beschreibung an, und binden Sie beide mit Draht fest zusammen.
Bei der 4er Schleife lassen Sie den Draht lang und legen diese Schleife von oben in die Mitte der anderen.
Jetzt können Sie beide Schleifen mit dem Draht der 4er Schleife zusammen verdrahten und haben eine schöne, große, üppige Schleife.
Die Drahtenden werden hinten fest verdreht und gekürzt.
Mit etwas Raffiabast schnüren Sie die so gewonnene Schleife einfach auf das Paket.
Das hier verwendete Band hat Drahtkanten und läßt sich dadurch wunderbar nach Ihrem Geschmack in Form bringen.

Schleife am Türschild

Material

- Band mit Bärenmotiv
- Draht

Anleitung

Für dieses originelle Türschild fertigen Sie zuerst eine 4er Schleife an. Mit einem Stück Restband machen Sie nun nochmals einen Knoten über die Mitte, so daß die Schleife jetzt 4 Enden hat. Dadurch wirkt sie üppiger.

Schleife als Tischdekoration

Material

- glänzendes Band, ca. 4–5 cm breit
- gemustertes Tüllband, ca. 2–3 cm breit
- Polyesterband (Ringelband), farblich passend
- Stecknadeln, Sicherheitsnadel

Anleitung

Für diese Schleife legen Sie das dünne auf das breite Band und arbeiten eine 2er Schleife wie am Anfang des Buches beschrieben. Damit die Bänder nicht verrutschen, können Sie das dünne Band mit Stecknadeln auf dem breiten Band fixieren. Beim Binden müssen Sie dann vorsichtig vorgehen. Halten Sie die Bänder so, daß das dünne Band oben liegt. Formen Sie die erste Schlaufe nach links. Wenn Sie die Bänder nach rechts unten über die Kreuzung führen, drehen Sie sie um, damit das dünne Band wieder oben liegt. Formen Sie die zweite Schlaufe. Bevor Sie die Bänder nach links unten führen, drehen Sie sie wieder um, so daß das dünne Band nach oben kommt.
Fixieren Sie die Schleife mit dem Polyesterband und lassen Sie dessen Enden lang. Entfernen Sie die Stecknadeln. Dann kürzen Sie die Enden der Bänder auf die gleiche Länge und schneiden sie gezackt ein.
Zum Schluß befestigen Sie die Schleife mit einer Sicherheitsnadel an dem restlichen Band, das Sie dekorativ auf dem Tisch drapieren.

Gesteck mit Zierschleife

Material

- Band mit Drahtkanten
- Stangendraht

Anleitung

Diese Schleife für ein Gesteck hat 4 Schlaufen, die aber nicht gleich groß gearbeitet werden. Das verwendete Band hat eine Drahtkante und läßt sich deshalb sehr schön in das Gesteck hineinformen. Der Draht sorgt dafür, daß die Schleife in dieser Form bleibt.

Für Dekorationen ist es sinnvoll, 4er Schleifen zu verwenden, damit das Band nicht zu stark dominiert.
Bei Schleifen für Gestecke sollten Sie den dickeren und längeren Stangendraht verwenden, damit sich die fertige Schleife gut in die Steckmasse einstechen läßt.
Die beiden Drahtenden müssen sehr sauber zusammengedreht werden, damit sie sich beim Einstecken nicht teilen können.
Den Draht kürzen Sie nur so weit, daß er genügend lang bleibt, um ihn so tief wie möglich in die Steckmasse einzubringen, denn je länger der Draht, desto besser hält die Schleife dann auch.

Schleife am Kranz

Material

- Band im gewünschten Muster
- Draht

Anleitung

Bei Kränzen und anderen Deko-Teilen aus Weide oder ähnlichen Materialien können Sie die Schleifen auch mit der Heißklebepistole ankleben. Das ist sehr hilfreich, weil Sie sonst die Drahtenden um den Kranz binden und dann wieder irgendwie verstecken müßten.

Übrigens wurden alle anderen Teile ebenfalls mit der Klebepistole angebracht.

In der Mitte eines dekorierten Weidenbogens kleben Sie eine 4er Schleife an. Diese Schleife hat eine Besonderheit: Wenn Sie genau hinsehen, können Sie erkennen, daß die Schlaufen nicht gleich groß sind. Die beiden oberen sind etwas kürzer als die beiden unteren.

Um das zu erreichen, binden Sie die Schleife wie gewohnt. Die Schlaufen müssen Sie in dieser Reihenfolge arbeiten: kurz, lang, lang, kurz.

Probieren Sie es doch einmal aus, es ist gar nicht schwer.

Schleife mit Muschelmuster

Material

- Band mit Muschelmuster
- Draht

Anleitung

Die Schlaufen einer Schleife müssen nicht immer gleich lang sein, auch asymmetrische Formen sehen oft sehr gut aus, z. B. bei dieser Schleife für eine Dekorationsschale.

Für diese Schleife müssen Sie drei ungleich lange Schlaufen herstellen. Da dieses Band nur auf einer Seite bedruckt ist, müssen Sie beim Binden der Schleife das Band nicht nach hinten, sondern nach vorne über die Kreuzung legen, damit die bedruckte Seite immer vorne erscheint.

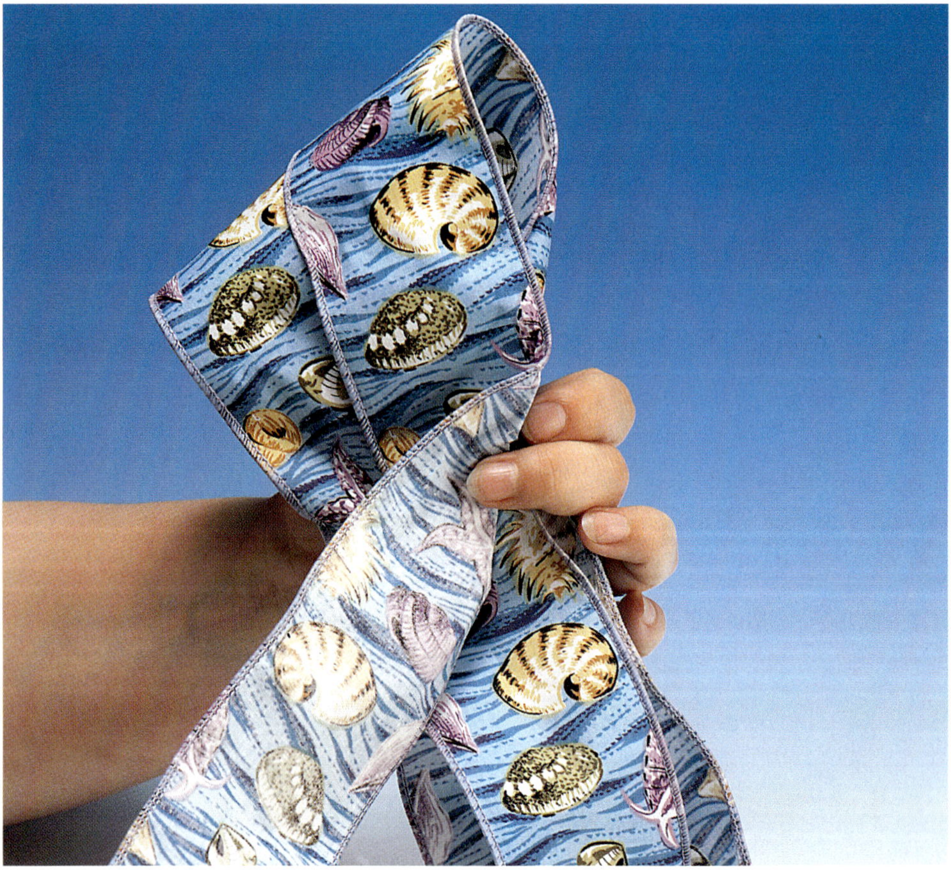

Bei einer Schleife mit drei Schlaufen und einseitig bedrucktem Band gibt es aber noch ein Problem: Das Ende des Bandes kommt mit der linken, unbedruckten Seite nach vorne!
Aber auch dafür gibt es eine Lösung: Sie drehen das Bandende auf der Rückseite der Schleife einfach um, und schon hängt die richtige Seite vorne.
Jetzt können Sie wie gewohnt mit Draht fixieren.

Diese Schleife eignet sich besonders gut für Dekorationen auf Tellern und Schalen.

Zweifarbige Schleife

Material

- gelbes Band mit Drahtkante
- Band mit Blumenmuster und Drahtkante
- Draht

Anleitung

Diese üppige Schleife ist schneller gearbeitet als Sie denken! Legen Sie die beiden Bänder übereinander und verarbeiten Sie sie so, als handele es sich nur um ein Band. Gehen Sie nach den am Anfang des Buches beschriebenen Arbeitsschritten vor. Die abgebildete Schleife hat pro Farbe 10 Schlaufen. Das gemusterte Band ist nur auf einer Seite bedruckt. Legen Sie deshalb die einzelnen Schlaufen so, daß immer die bedruckte Seite nach vorne zeigt. Lesen Sie hierzu die Hinweise auf den Seiten 24 und 25 (Schleife mit Muschelmuster) nach. Zum Schluß zupfen Sie die einzelnen Schlaufen in Form.

1

Brautbukett

Material

- Tüllband
- Organzaband mit Drahtkante
- verschiedene, farblich passende Bänder
- Seidenblumenstrauß
- Tüll (Manschette)
- Draht

Anleitung

Aus mehreren Schleifen und verschiedenen Bändern können Sie ein Brautbukett arrangieren. Dafür suchen Sie passende Bänder aus und binden daraus verschiedene Schleifen.

1. Aus Tüllband fertigen Sie eine 4er Schleife an, die noch zusätzlich zwei weitere Enden bekommt, indem ein Stück vom gleichen Band über die Mitte nach hinten verknotet wird.

2. Aus einem Organzaband mit Drahtkante binden Sie eine 6er Schleife mit ungleich langen Schlaufen und fixieren sie mit Draht.

3. Weitere Bänder werden nun in verschieden lange Stücke geschnitten und nur in der Mitte mit Draht zusammengebunden. So erhalten Sie viele Enden, die sich mit den beiden schon gearbeiteten Schleifen arrangieren lassen.

4

4. Alle gefertigten Teile werden nun mit dem Draht einer dieser Schleifen fest zusammengehalten. Dieser Draht wird nicht gekürzt, denn Sie brauchen ihn zum Anbringen der Schleife an den Strauß. Die restlichen Drahtenden können entweder abgezwickt oder alle miteinander verzwirbelt werden.

5. Die so entstandene große Schleife wird an einem fertigen Seidenblumenstrauß mit dem Draht angebracht. Um den Strauß herum können Sie noch etwas Tüll als Manschette in Falten legen und ihn mit Draht fest fixieren.
Für einen sauberen Abschluß am Stiel verwenden Sie dann nochmals ein passendes, einfaches Band, das um den Stiel gewickelt wird, evtl. muß es verklebt werden (Abbildung S. 30).

Adventskranz

Material

- rotes Band mit Sternmuster o. a. weihnachtlichen Motiv
- Draht

Anleitung

Auch für Ihren Adventskranz können Sie jetzt ganz einfach die Schleifen selbst machen.

Dabei müssen es nicht immer vier gleiche Schleifen sein.
Der Kranz wurde so dekoriert, daß der Schwerpunkt vorne liegt.
Er wird außerdem noch mit einer etwas größeren Schleife betont.
Mit mehreren kleinen Schleifen können Sie die runde Form komplettieren, indem Sie sie über den Kranz verteilen.

ENGLISCH VERLAG

Bücher für Kreative

ISBN 3-8241-0582-9
Broschur, 64 Seiten

ISBN 3-8241-0687-6
Broschur, 64 Seiten

ISBN 3-8241-0754-6
Broschur, 48 S., Vorlageb.

ISBN 3-8241-0714-6
Broschur, 64 Seiten

ISBN 3-8241-0619-1
Broschur, 32 S., Vorlageb.

Lust auf Mehr?

Liebe Leserin, lieber Leser,

natürlich haben wir noch viele andere Bücher im Programm. Gerne senden wir Ihnen unser Gesamtverzeichnis zu. Auch auf Ihre Anregungen und Vorschläge sind wir gespannt. Rufen Sie uns einfach an oder schreiben Sie uns.

F. Englisch GmbH & Co Verlags-KG
Postfach 2309 · 65013 Wiesbaden
Telefon 0611/94272 - 0 · Telefax 0611/410665